WILHELM TOPSCH

FLO MIT GUTER LAUNE

WILHELM TOPSCH

FLO MIT GUTER LAUNE

BOJE-VERLAG STUTTGART

79 80 81 82 83   6 5 4 3 2
© 1973 Boje-Verlag, Stuttgart
Gesamtherstellung: Richterdruck Würzburg
Umschlag und Innenbilder: Edith Witt
Printed in Germany · ISBN 3 414 14970 2

WER HAT GUTE LAUNE?

„Das wird ein langweiliger Tag", dachte
Flo.
Flo hieß eigentlich Florian, aber Papa
und Mama sagten immer Flo zu ihm,
weil Florian noch ziemlich klein war. Er
stand am Fenster und schaute auf die
Straße. Die Häuser, die Autos, die
Bäume, die Blumen — alles sah grau und
traurig aus.
Über den Himmel zogen dicke dunkle
Wolken, und die Sonne war nirgends
zu sehen.
Der Schornsteinfeger kam vorbei. Flo-
rian winkte ihm zu, aber der Schorn-

steinfeger sah den kleinen Jungen überhaupt nicht. Er hatte schlechte Laune und blickte mißmutig in den grauen Morgen.

„Schade", dachte Florian.

Nette Leute waren ihm lieber.

Im Haus war es ganz still.

„Ich will spazierengehen", sagte Florian zu sich selbst, „vielleicht treffe ich auf der Straße jemanden mit guter Laune."

Er nahm seine Mütze vom Haken, steckte den Haustürschlüssel in die Tasche und ging los.

Niemand sagte zu ihm: „Auf Wiedersehen, Flo!", keiner rief ihm nach: „Bleib nicht so lange weg, mein Junge!", denn Florians Eltern gingen jeden Morgen zur Arbeit. So kam es, daß Flo oft allein war — sehr oft.

Florian wanderte langsam durch die kleine Stadt. Er grüßte alle Leute, die ihm begegneten, aber niemand gab ihm eine Antwort. Alle machten unfreundliche Gesichter und sahen so aus, als ob sie noch nie im Leben gelacht hätten.

Der Polizist, der auf der Kreuzung stand, verzog keine Miene, als Flo ihm zurief: „Guten Morgen, Herr Polizist!" Er sah über den kleinen Jungen einfach hinweg. „Oje", dachte Florian, „der hat aber schlechte Laune."

Vor dem Rathaus begegnete Florian dem Bürgermeister. Der Bürgermeister war ein dicker Mann mit einer großen Brille.

„Guten Morgen, Herr Bürgermeister!" rief Florian. „Hast du heute gute Laune?"

„Gute Laune?" sagte der Bürgermeister

und sah ernst durch seine große Brille. „Für solchen Unsinn habe ich keine Zeit. Ich bin Bürgermeister!"

„Aber, aber", rief Florian, „gute Laune ist doch kein Unsinn!"

„Laß mich in Ruhe!" sagte der Bürgermeister mürrisch, und dann ging er schnell ins Rathaus.

„Wieso ist gute Laune Unsinn?" dachte Florian und war ein kleines bißchen traurig.

Er ging weiter und weiter, und er begegnete noch vielen Leuten, die schlechte Laune hatten.

Nette Leute konnte Florian nirgends finden.

Flo wurde trauriger und trauriger.

Schließlich kam er an das Ende der kleinen Stadt. So weit war Florian noch nie vorher von zu Hause weggegangen. Da, wo die Stadt aufhörte, war eine große grüne Wiese, und inmitten der

grünen Wiese stand eine riesenhohe Hecke, hinter der irgend etwas Geheimnisvolles versteckt sein mußte.

EIN VOGEL MIT GOLDENEN FEDERN

Florian ging neugierig näher. Er wollte gern wissen, was hinter der Hecke verborgen war. Aber so sehr er auch suchte, er konnte nirgends einen Eingang, eine Tür oder ein Tor finden. Schließlich entdeckte er dicht über dem Gras eine kleine Lücke. Sie war nicht sehr groß, aber doch gerade groß genug, daß ein kleiner Junge hindurchschlüpfen konnte. Florian überlegte nicht lange. Eins, zwei, drei, schlüpfte er durch die Hecke und stand mit einemmal in einem wunderschönen Garten.

Florian traute seinen Augen kaum. Solch

einen Garten hatte er in seinem ganzen
Leben noch nicht gesehen. Überall
leuchteten und dufteten Blumen:
Große Blumen, kleine Blumen,
rote Blumen, blaue Blumen,
weiße Blumen, gelbe Blumen.
Blumen, überall Blumen!

Die ganze Wiese sah aus wie ein riesengroßer Blumenteppich.

Vor lauter Staunen konnte Florian sich kaum von der Stelle rühren.

Und während er noch dastand und staunte, hörte er plötzlich von irgendwoher einen Vogel, der so zart und wunderbar sang, daß Florian vergaß, wie traurig er gewesen war und wie sehr er sich über die vielen unfreundlichen Leute geärgert hatte. Mit einemmal bekam er die allerbeste Laune der Welt.

Da lief Florian lachend durch den wunderbaren Garten, kletterte auf die Bäume, kroch unter die Sträucher, sprang über die Blumenbeete — und wer weiß, was er noch alles angestellt hätte, wenn er nicht auf einmal vor einem kleinen, verwitterten Haus gestanden hätte.

,,Was suchst du hier in meinem Garten?"
fragte eine Stimme aus dem Inneren des
Hauses.
Florian erschrak.

Die Tür des Hauses öffnete sich ein
wenig, und eine kleine, dicke Frau mit
weißen Haaren schaute heraus. Sie
hatte ein blaues Kleid mit roten Blumen
an, und über den Schultern trug sie ein
rotes Tuch mit blauen Blumen, das sah
sehr hübsch aus.
Florian wußte gleich, daß die alte Frau
eine gute alte Frau war.
„Nun", sagte sie, „willst du mir nicht
sagen, was du in meinem Garten
suchst?"
„Ich wollte... ich möchte...", stotterte
Florian, „ich suche den Vogel, der so
schön singen kann."
Er war ein bißchen verlegen.
„Ah, du suchst meinen Vo-mi-go-Fe",
sagte die kleine dicke Frau. „Komm nur
herein, dann will ich ihn dir zeigen!"

18

Sie machte die Tür weit auf und streckte Florian freundlich die Hand entgegen.

Im Haus sah es lustig aus.

Überall waren Blümchen:

Auf der Gardine waren Blümchen, auf der Tapete waren Blümchen, auf dem Sofa waren Blümchen, der Teppich war voller Blümchen und sah so aus wie die Wiese im Garten.

In der Mitte des Teppichs stand ein silberner Käfig, und in dem Käfig saß ein wunderschöner Vogel, dessen Federn wie Gold glänzten.

„Oh, wie niedlich", flüsterte Florian. Er machte ganz große Augen. „Was ist das für ein Vogel?"

„Was das für ein Vogel ist? Nun, das ist mein Vo-mi-go-Fe", antwortete die alte Frau.

21

„Vo-mi-go-Fe, das bedeutet: **Vo**gel **mi**t **go**ldenen **Fe**dern."

„Soll das heißen", Florian sah die alte Frau ungläubig an, „soll das heißen, daß die Federn wirklich aus Gold sind?"

„Aus echtem Gold", nickte die kleine Frau, und ihre Augen leuchteten wie die Blumen in ihrem Garten. „Aber das Beste kommt noch: Jeder, der den Vo-mi-go-Fe singen hört, muß auf der Stelle seinen Ärger vergessen und gute Laune bekommen."

„Das ist wahr", sagte Florian nachdenklich, und weil ihm dabei die vielen Leute in der Stadt einfielen, die alle schlechte Laune hatten, fragte er: „Wo kann man so einen Vogel kaufen?"

Die alte Frau setzte sich umständlich auf das Sofa, rückte sich ein Kissen zurecht

und sagte schließlich: "So einen Vogel kann man nirgends kaufen. Mein Vo-mi-go-Fe ist der einzige auf der ganzen Welt. Und", fügte sie nach einer kleinen Pause hinzu, "und er ist unverkäuflich!"

„Oh", sagte Florian enttäuscht, „das ist schade". Er hatte sich nämlich schon vorgestellt, wie es wäre, wenn alle Leute in der Stadt gute Laune hätten.

„Komm", sagte die alte Frau, als sie merkte, daß Florian ein bißchen traurig geworden war, „komm, setz dich zu mir!" Sie rückte ihm ein geblümtes Kis-

sen zurecht. „Nun sag mir erst einmal, wie du heißt, mein Junge!" — „Ich heiße Florian", sagte Florian, „aber Papa und Mama sagen Flori oder Flo zu mir, weil ich nicht besonders groß bin."

„Gut, Florian", sagte die alte Frau, „und jetzt erzähle mir mal, wozu du einen Vo-mi-go-Fe brauchst. Du hast doch bestimmt immer gute Laune!"

„Ja", sagte Florian traurig, „ich habe immer gute Laune. Aber ich habe immer nur allein gute Laune."

Und dann erzählte er von dem grauen Morgen, vom mißmutigen Schornsteinfeger, vom unfreundlichen Polizisten, vom schlechtgelaunten Bürgermeister und von den vielen Leuten, die so aussahen, als ob sie noch nie im Leben gelacht hätten.

„Ja, wenn das so ist", sagte die alte Frau.

Florian erzählte und erzählte, und je mehr er erzählte, um so trauriger wurde er.

Am liebsten hätte er richtig geweint, aber weil er sich vor der netten alten Frau schämte, weinte er nur ein ganz kleines bißchen.

„Ja, wenn das so ist", sagte die Frau noch einmal und reichte ihm ein kleines buntgeblümtes Taschentuch. „Wenn das so ist, dann könnte ich dir meinen Vo-mi-go-Fe ja leihen."

„Oh", flüsterte Florian und wischte sich ganz schnell die Tränen aus den Augen, „das wäre sehr nett. Das wäre wirklich sehr nett!" Dann sprang er auf, schlang seine Arme um die kleine dicke Frau,

gab ihr einen schallenden Kuß und hatte plötzlich wieder die allerbeste Laune. Florian strahlte, die kleine dicke alte Frau strahlte, und der Vogel mit den goldenen Federn hüpfte in seinem Käfig von einer silbernen Stange zur anderen. Dabei sang er, was das Zeug hielt.

„Ich habe gute Laune!" rief Florian und tanzte durch das Zimmer, „du hast gute Laune, und alle Leute in der Stadt sollen auch gute Laune bekommen!"

„Halt, halt!" lachte die alte Frau. „Du zertrittst ja die schönen Blumen auf meinem Teppich!"

Aber Florian tanzte und hüpfte weiter und rief immer wieder: „Ich habe gute Laune! Ich habe gute Laune!", bis er vor Lachen keine Luft mehr bekam.

„Tatsächlich", rief die kleine dicke Frau, „ du hast gute Laune, und deshalb sollst du von jetzt an: Florian mit guter Laune heißen! Weil der Name aber viel zu lang für einen kleinen Jungen ist, nenne ich dich einfach: Flo-mi-gu-Lau!"

„Ha, ha, ha", lachte Florian, „dann nenne ich dich O-mi-vi-Blu! Und das bedeutet: Oma mit vielen Blumen!" Sie lachten noch ein Weilchen miteinander. „Nun muß ich aber gehen", sagte Florian schließlich. Er nahm den Vogel mit den goldenen Federn und deckte sorgfältig seine Mütze über den Käfig.

„Paß gut auf, Flo-mi-gu-Lau", sagte die kleine alte Frau, „es ist der einzige Vo-mi-go-Fe auf der ganzen Welt!"

„Du brauchst dir keine Sorgen zu machen", sagte Florian. Er gab der O-mi-vi-Blu zum Abschied noch einen Kuß, dann lief er, so schnell er konnte, zum Marktplatz der kleinen Stadt.

AUF DEM MARKTPLATZ

Schon von weitem konnte Florian das Geschrei der Verkäufer hören, die mit lauter Stimme ihre Waren anpriesen.
„Frische Fische! Frische Fische!"
„Kauft Gemüse, billig, billig!"
„Feine Äpfel heute!"
„Gute Birnen, Leute!", so schallte es über den Marktplatz.
Noch immer war alles in der kleinen Stadt grau und unfreundlich. Die Leute, die sich um die Verkaufsstände drängten, sahen immer noch so aus, als ob sie noch nie im Leben gelacht hätten.
Florian suchte sich eine freie Stelle auf

dem Marktplatz. Neben ihm schrie eine dicke Gemüseverkäuferin: „Gemüse zu verkaufen, gutes Gemüse zu verkaufen! Hier gibt es gutes Gemüse!"

Da hielt Florian den silbernen Käfig mit dem goldenen Vogel in die Höhe und schrie aus Leibeskräften: „Laune zu verschenken, gute Laune zu verschenken! Hier gibt es gute Laune!"

Als die Leute das hörten, ließen sie Obst und Kartoffeln, Fisch und Gemüse liegen und liefen dorthin, wo es etwas umsonst geben sollte.

Kaum hatten sich alle um Florian versammelt, da öffnete der Vogel mit den goldenen Federn den Schnabel und sang so zart und fein, daß den Leuten ein Stein vom Herzen fiel und alle auf der Stelle gute Laune bekamen. Sie lachten und klatschten fröhlich in die Hände.

Der Polizist auf der Kreuzung hörte diesen Lärm und lief zum Marktplatz, so schnell er konnte.

Als er die vielen lustigen Leute sah, machte er ein strenges Gesicht und rief: „Ruhe bitte, hier spricht die Polizei!"

Dann drängte er sich durch die Menge.

„Was tust du hier?" fragte er den Jungen.

„Ich verschenke gute Laune", sagte Florian.

„So, so", brummte der Polizist, „du verschenkst gute Laune. Ist das erlaubt, he?"

„Das weiß ich nicht", sagte Florian unsicher. „Ist es etwa verboten?"

„Was, das weißt du nicht?" schimpfte

„Ich heiße Florian", sagte Florian, „aber Papa und Mama sagen immer nur Flo zu mir, und die O-mi-vi-Blu nennt mich Flo-mi-gu-Lau."

„Was soll das bedeuten?" fragte der Polizist ärgerlich. „Wie schreibt man das: Flomi-miau? Das kann ja kein anständiger Polizist aufschreiben! Und wer ist die O-pfiffi-Bu?"

„Das ist doch ganz einfach", lachte Florian, „Flo-mi-gu-Lau bedeutet: Florian mit guter Laune, und die O-mi-vi-Blu, das ist die Oma mit den vielen Blumen. Ihr gehört auch der Vo-mi-go-Fe."

„So ein Unsinn!" schimpfte der Polizist. Er platzte fast vor Ärger. „Flomi-wau-wau, Omi-kikiriki, Vopi-pa-po!" Und weil er so wütend war, setzte er noch hinzu: „Jetzt ist aber Schluß mit dem

37

Tatü-tata! Sonst werde ich dich auf der Stelle..."
Weiter kam er nicht, denn der Vogel mit den goldenen Federn fing wieder an zu

singen. Da bekam der Polizist plötzlich richtig gute Laune.

„Ach, Junge", sagte er, und seine Stimme klang so freundlich, daß er sich selbst darüber wundern mußte, „was ist das für ein niedlicher Vogel?"

„Das ist ein Vo-mi-go-Fe", sagte Florian. Dann erklärte er dem netten Polizisten noch einmal ganz langsam, was Flo-mi-gu-Lau, O-mi-vi-Blu und Vo-mi-go-Fe bedeuten sollte.

„Ho, ho, ho!" lachte der Polizist mit seiner tiefen Stimme. Er lachte so sehr, daß die Knöpfe an seiner Jacke wackelten und daß er seinen Bauch mit beiden Händen festhalten mußte.

„Ab heute, liebe Leute", prustete der Polizist, „will ich Eu-li-Po-zi heißen! Das bedeutet: Euer lieber Polizist!"

Es gab ein solches Gelächter unter den Marktleuten, daß es der dicke Bürgermeister im Rathaus nicht mehr aushielt. Er rückte seine Brille zurecht und lief zum Marktplatz.

„Was gibt es hier?" fragte er, als er die vielen lustigen Leute sah.

„Hier gibt es gute Laune", rief Florian fröhlich. „Willst du auch welche? Sie kostet nichts!"

„Bist du nicht der freche Lümmel von heute morgen?" fragte der dicke Bürgermeister. „Wie ist dein Name?"

„Ich heiße Florian", sagte Florian, „aber die O-mi-vi-Blu mit dem Vo-mi-go-Fe nennt mich Flo-mi-gu-Lau. Das habe ich Eu-li-Po-zi alles schon erklärt."

„Nun ist es aber genug!" schnaubte der dicke Bürgermeister. „Wenn du dich

über mich lustig machen willst, dann..."
Was dann passieren würde, konnte er nicht mehr sagen.
Der goldene Vogel öffnete nämlich seinen Schnabel und sang so wunderbar, daß der dicke Bürgermeister vor Freude ganz rote Bäckchen bekam.

„Sag mal, du kleiner Schlingel, was waren das eben für lustige Namen?" fragte er fröhlich.

„Das ist ganz einfach", antwortete Florian, und weil er sich freute, daß alle Leute gute Laune hatten, erklärte er noch einmal alles ganz genau.

Der dicke Bürgermeister schüttelte sich vor Lachen.

„Wißt ihr was, Leute", schnaufte er, „ich will auch einen neuen Namen haben!"

„Fein!" rief Florian. „Wer weiß einen neuen Namen für unseren dicken Bürgermeister?"

„Wir nennen ihn einfach Un-di-Bü-mei!"

„Ja, Un-di-Bü-mei!"

„Es lebe unser dicker Bürgermeister!" so schrien die Leute durcheinander.

42

Plötzlich begann der Vogel mit den goldenen Federn wieder zu singen. Diesmal sang er so schön, daß sogar die Sonne am Himmel gute Laune bekam. Sie schob die dicken grauen Wolken zur Seite und ließ ihre Strahlen auf die kleine Stadt fallen.

Alles bekam einen goldenen Schimmer: die Häuser, die Bäume, die blanken Knöpfe des Polizisten und die Brille des Bürgermeisters. Am allerschönsten aber glänzte der Vogel mit den goldenen Federn.

,,So'', rief Florian, ,,nun habt ihr alle gute Laune.'' Er verabschiedete sich von den Leuten und machte sich auf den Weg.

In der Schule

Unterwegs kam er an einem grauen Haus
mit vielen großen Fenstern vorbei.
Florian blieb stehen. Ringsherum war es
ganz leise, nur aus dem Haus drangen
viele Stimmen:
hohe Stimmen, tiefe Stimmen,
laute Stimmen, leise Stimmen
und dazu ein ununterbrochenes Ge-
murmel und Geflüster. Da dachte Florian gleich: „Das muß die Schule sein!"
Und weil er neugierig war und sehen
wollte, wie es in einer Schule zugeht,
stellte er sich auf die Zehenspitzen und
sah durch das unterste Fenster.

Was sah Florian?

Er sah einen großen Raum, in dem viele Kinder saßen, die dies und jenes taten, nur nicht das, was der Lehrer von ihnen erwartete.

Und der Lehrer erwartete von den Kindern, daß sie aufpaßten. Das erwarten alle Lehrer, Tag für Tag. Der Lehrer stand neben der Tafel, machte ein großes ernstes Gesicht und wollte den Kindern gerade erklären, warum die Hasen weiße Schwänze haben.

,,Das ist wichtig'', sagte er und holte tief Luft, ,,die Hasen haben weiße Schwänze, weil . . .''

Der Lehrer hörte auf zu sprechen. Er hatte nämlich bemerkt, daß ihm kein einziges Kind in der ganzen Klasse zugehört hatte. Florian sah, wie sehr sich der Lehrer

45

darüber ärgerte. „Peter", rief der Lehrer, „wiederhole, was ich gesagt habe!"

„Sie haben gesagt", sagte der Junge, der Peter hieß, „Sie haben gesagt... hm... ja...", stotterte er, „Sie haben gesagt: Das Wichtigste am Hasen ist... seine schwarze Nase!"

Der Lehrer schnappte dreimal nach Luft, sein Kopf wurde vor Ärger dunkelrot.

„Gleich passiert etwas Schlimmes", dachte Florian.

Weil er aber wollte, daß alle Leute in der Stadt gute Laune hatten — auch die Lehrer — stellte er schnell den Vogelkäfig auf die Fensterbank.

„Sing, Vo-mi-go-Fe, beeil dich!" flüsterte er aufgeregt.

Da sang der Vogel.

Und ehe der Lehrer auch nur ein einziges

47

Wort hervorgebracht hatte, war alles in der Schulklasse wie umgewandelt.

Die Kinder schauten aufmerksam zur Tafel, und der Lehrer, der eben noch schimpfen wollte, lächelte die Kinder freundlich an. Auf einmal schien es ihm selbst gar nicht mehr so wichtig zu sein, daß alle Kinder wußten, warum die Hasen weiße Schwänze haben.

„He, Junge", rief er und ging ans Fenster, „wie heißt du?"

„Ich heiße Florian", sagte Florian, „aber du kannst ruhig Flo-mi-gu-Lau zu mir sagen. Das sagen die anderen nämlich auch."

„Floli-maumau? Was soll das bedeuten?"

„Oje", rief Florian, „ich denke, Lehrer wissen alles! Ich heiße nicht Flo-li-maumau, sondern Flo-mi-gu-Lau, und das bedeutet: Florian mit guter Laune!"

„Ha, ha, ha", lachte der Lehrer, „ein Floh mit guter Laune! Solche Flöhe können wir gut brauchen. Willst du nicht ein bißchen zu uns hereinkommen?"

Das ließ sich Florian nicht zweimal sagen. Mit einem riesigen Schwung hopste er auf die Fensterbank, und schwups, schon stand er mitten unter den Schulkindern.

„Was ist das für ein Vogel?" fragten die Kinder, als Florian den Vogel mit den goldenen Federn von der Fensterbank holte.

„Das ist ein Vo-mi-go-Fe", antwortete Florian, „er kann gute Laune machen!"

„Ja", rief der Lehrer und lachte, „das haben wir gemerkt. Nun hat zwar kein

Kind gelernt, warum die Hasen weiße Nasen haben..."

,,Schwänze", riefen die Kinder, ,,Schwänze!"

,,Ach ja", sagte der Lehrer und tat so, als ob er sich geirrt hätte, ,,...warum die Hasen schwarze Schwänze haben..."

,,Weiße Schwänze!" lachten die Kinder vergnügt.

,,Ja, ja", sagte der Lehrer, ,,kein Kind hat gelernt, warum die Hasen weiße Schwänze haben, aber alle Kinder haben gute Laune bekommen, und das ist mindestens genauso wichtig!"

Und weil der Lehrer selbst auch gute Laune hatte, beschloß er, seinen Vortrag über die Bedeutung der Farbe des Hasenschwanzes auf den nächsten Tag zu verschieben.

Wo ist der Vo-mi-go-Fe?

Statt dessen durfte Florian erzählen. Er setzte sich auf den Stuhl des Lehrers, stellte den Vo-mi-go-Fe auf das Lehrerpult und begann.

Florian erzählte von der Oma mit den vielen Blumen, vom Polizisten und vom Bürgermeister und davon, wie sie alle gute Laune bekommen hatten.

Die Kinder hörten gespannt zu. Während Florian erzählte, waren einige Kinder von ihren Plätzen aufgestanden und waren leise zum Lehrerpult gegangen, um den Vogel mit den goldenen Federn aus allernächster Nähe zu bewundern.

Ein Junge wollte den Vo-mi-go-Fe sogar streicheln. Er machte die Käfigtür ein kleines Stückchen auf und steckte seine Hand vorsichtig in den Käfig.

Kaum jedoch war die Tür des Vogel-
käfigs geöffnet, da reckte der Vo-mi-go-
Fe seine Flügel, schlüpfte an der Hand
des Jungen vorbei und flatterte durch
die Klasse. Florian wurde vor Schreck
ganz blaß.

,,Halt! Halt!'' rief er, als der Vogel auf
das offene Fenster zuschwirrte. Aber da
war es schon zu spät. Der Vogel mit den
goldenen Federn war hinausgeflogen.

Florian sah auf das offene Fenster, er sah
auf die offene Käfigtür, sah in den leeren
Vogelkäfig, in dem nur eine einzige
kleine goldene Feder zurückgeblieben
war, und fing an zu weinen.

Alle Kinder waren sehr erschrocken und
sahen mit großen Augen ihren Lehrer an.
Der ging zu Florian, legte den Arm um
seine Schultern und sagte: ,,Nun, nun,

53

vielleicht kommt der Vogel ja wieder zurückgeflogen." Aber man konnte an seinem Gesicht sehen, daß er das nur sagte, um Florian zu trösten.

„Oh", weinte Florian, „was wird nur die O-mi-vi-Blu sagen! Das ist der einzige Vogel auf der ganzen Welt, der gute Laune machen kann!"

„Hm", sagte der Lehrer, „wir werden dir natürlich alle helfen!"

„Aber wie?" schluchzte Florian.

„Ja, aber wie?" sagte auch der Lehrer und kratzte sich am Ohr wie alle Lehrer, wenn sie nicht weiterwissen. Dann nahm er den leeren Vogelkäfig und sagte: „Kommt alle leise mit! Wir wollen sehen, ob wir den Vogel wieder einfangen können!"

Da schlichen die Kinder leise aus der Klasse, leise, leise durch das große Schulgebäude, hinaus auf den Schulhof.

55

Nichts! Der goldene Vogel war nirgends zu sehen.

„Da, da sitzt er!" flüsterte plötzlich ein kleines Mädchen ganz aufgeregt.

„Wo?" fragte der Lehrer.

„Dort hinten, auf dem Blumenbeet!"

Richtig, mitten zwischen den roten, gelben und blauen Blumen saß der Vo-mi-go-Fe und putzte sich seine goldenen Federn.

„Bleibt alle ganz ruhig stehen!" sagte der Lehrer leise zu den Kindern. Dann ging er vorsichtig auf den Vogel zu.

Der Vogel reckte und streckte seine Flügel und schien den Lehrer nicht zu bemerken. Aber als der Lehrer nur noch drei Schritte entfernt war, flog der Vogel auf einmal davon. Er segelte dicht über die Köpfe der Kinder hinweg, flog eine

Runde um den Schulhof und landete auf einem hohen Baum.

Als die Kinder zum Baum laufen wollten, rief der Lehrer: „Halt, ihr werdet ihn erschrecken!"

„Bitte, bitte", sagte Florian, „darf ich auf den Baum klettern?"

„Nein", sagte der Lehrer, „das ist viel zu gefährlich!"

„Aber ich muß, ich muß den Vo-mi-go-Fe wiederhaben!" rief Florian.

Er hatte noch immer Tränen in den Augen.

„Hm", machte der Lehrer, dann reichte er Florian den silbernen Käfig, sah sich den Baum einmal von weitem und einmal von nahem an und kletterte eins, zwei, drei selber auf den Baum.

Die Kinder hielten den Atem an:

Einen Lehrer, der auf Bäume kletterte, hatten sie wirklich noch nie gesehen!

Der Lehrer kletterte höher und höher. Aber als er nur noch zwei dünne Äste und drei Zweige weit vom Vo-mi-go-Fe entfernt war, fing plötzlich der Wind an zu blasen. Erst bewegten sich nur die Blätter des Baumes, dann bewegten sich auch die Zweige und Äste, schließlich wiegte sich der ganze Baum im Wind hin und her. Da breitete der Vogel seine Flügel aus und flog auf das Schuldach. Was nun?

Der Lehrer kletterte vom Baum und überlegte.

Während alle noch ratlos dastanden und nachdachten, entdeckte Florian etwas ganz Entsetzliches:

Eine große graue Katze mit dicken Pfo-

ten und scharfen Krallen schlich vorsichtig über das Dach der Schule. ,,Hoffentlich", dachte Florian, „hoffentlich hat sie den Vo-mi-go-Fe noch nicht gesehen!"

Aber die Katze hatte den Vogel längst entdeckt und schlich sich näher und näher an ihn heran.

Florian bekam vor Schreck keinen Ton heraus. Inzwischen hatte die Katze den Vogel erreicht. Sie hob schon ihre dicke Tatze und reckte die spitzen Krallen.

„Nun ist alles aus", dachte Florian, „nun wird die Katze den Vo-mi-go-Fe auffressen!"

Und weil er das nicht mitansehen konnte, schloß er die Augen und hielt sich mit beiden Händen die Ohren zu.

„Sing, Vogel, sing!" rief der Lehrer im letzten Augenblick, aber das hörte Florian ja nicht.

Der Vogel mit den goldenen Federn fing an zu singen. Da machte die große graue Katze ein ganz verdutztes Gesicht und vergaß, mit der Pfote zuzuschlagen.
,,He, du kleiner Flo mit guter Laune!" rief der Lehrer und schüttelte Florian.

„Was ist?" flüsterte Florian.

„Was ist?" lachte der Lehrer. „Mach die Augen auf, dann kannst du es selbst sehen! Die Katze hat gute Laune bekommen!"

Tatsächlich! Der Vogel sang, und die Katze hopste so übermütig auf dem Dach herum, daß sie um ein Haar heruntergefallen wäre.

Und noch jemand hatte gute Laune bekommen, jemand, den Florian am Morgen noch ganz mißmutig gesehen hatte. Das war der Schornsteinfeger.

Er kam gerade hinter dem Schornstein hervor und schwenkte seinen schwarzen Hut.

„Ach, Herr Schornsteinfeger", rief Florian zum Dach hinauf, „bitte, bitte, helfen Sie mir! Ich muß unbedingt den

Vogel wiederhaben, der dort oben auf dem Dach sitzt."

Damit der Schornsteinfeger auch merkte, wie wichtig die Sache war, hielt Florian den leeren Käfig in die Höhe. Der Schornsteinfeger nickte und kletterte von der anderen Seite des Daches her ganz dicht an den Vo-mi-go-Fe heran. Dann nahm er seinen schwarzen Zylinderhut und stülpte ihn — schwuppdiwupp — über den Vogel.

„Bravo", rief der Lehrer.

„Hurra!"

„Bravo!"

„Wunderbar!" schrien die Kinder laut durcheinander, und Florian schrie am allerlautesten.

Der Schornsteinfeger faßte ganz vorsichtig unter den Zylinderhut und nahm

den Vogel behutsam in seine großen schwarzen Hände.
Bald saß der Vo-mi-go-Fe wieder sicher in seinem silbernen Käfig.
Florian, der Lehrer und alle Kinder aus der Klasse bedankten sich sehr herzlich

bei dem Schornsteinfeger, und es machte ihnen überhaupt nichts aus, daß sie alle miteinander ganz schwarze Hände dabei bekamen.

„Gut, daß es Lehrer und Schornsteinfeger gibt", dachte Florian, als er sich verabschiedet hatte.

Dann lief er, so schnell er konnte, zur O-mi-vi-Blu zurück.

Wieder daheim

Am Abend, als Florian schon im Bett lag, erzählte er Papa und Mama die ganze Geschichte vom Anfang bis zum Ende. „Das hast du aber fein gemacht", sagte Florians Mutter schließlich und gab ihm einen Kuß.
„In ein paar Wochen bekommen wir Ferien", dachte der Vater, „dann haben wir mehr Zeit für dich." Laut sagte er: „Gute Nacht, du kleiner Flo mit guter Laune." Er zog Florians Bettdecke zurecht und löschte das Licht aus.
Vor dem Einschlafen streichelte Florian mit seinen Fingern über die kleine gol-

dene Feder, die ihm die O-mi-vi-Blu zum Abschied geschenkt hatte, und war glücklich.

„Ein schöner Tag wird das heute", dachte Florian am nächsten Morgen. Er schaute durch das Fenster auf die Straße. Die Blumen, die Bäume, die Autos, die Häuser — alles hatte von der Sonne einen goldenen Schimmer bekommen. Sogar die Nase des Schornsteinfegers, der gerade vorbeikam, glänzte in der Morgensonne.

„Na, kleiner Mann, das wird ein schöner Tag heute!" rief der Schornsteinfeger. Er winkte Florian lachend zu.

„Ja", rief Florian und winkte zurück, „ein Tag für Leute mit guter Laune!"

Im Haus war es ganz still.

„Ich will spazierengehen", sagte Florian zu sich selbst. Er steckte die kleine goldene Feder an seine Mütze, nahm den Haustürschlüssel und ging los.

Wohin?
Nun, so ganz genau weiß ich das selbst nicht mehr. Vielleicht zur O-mi-vi-Blu, vielleicht aber auch zur Schule, denn Florian hätte zu gern gewußt, warum die Hasen weiße Schwänze haben.

Wilhelm Topsch schrieb noch zwei lustige Bücher für dich:

Die leiseste Klasse der Welt

In diese brave Klasse kommt eines Tages Jan Sarabimbosinelli, der Sohn eines Zirkusdirektors. Das gibt ein solches Hallo, daß aus der leisesten sehr rasch die lauteste Klasse der Welt wird. Doch Jan weiß, wie er sich Respekt verschaffen kann!

Mein Pony heißt Jonny

Zu seinem achten Geburtstag bekommt Tom ein Pony geschenkt. Überglücklich möchte Tom seinen Jonny auch nicht eine Stunde allein lassen. So nimmt er ihn überallhin mit und dabei passieren natürlich die lustigsten Sachen. Kannst du dir zum Beispiel vorstellen, was geschieht, wenn ein Pony im Schlafzimmer übernachtet?

Beide Bücher erhältst du in allen Buchhandlungen.